DESEA, SONRÍE, AMA.

Virginia Carver.

ÍNDICE:

Introducción..5
El principio de todo..12
Tu historia es muy bonita pero ve ya al grano...............25
Desea..32
¿Qué diablos quieres?..36
Sonríe..51
Because I'm happy..54
Ama..66
Las 11 bolas extra..73
Es de bien nacido ser agradecido.................................75
Ten una charlita con tu subconsciente.........................80
Gánate el Oscar...90
La rendición...96
Agita la coctelera..104
Nena, tú vales mucho...109
Sé valiente..114
Sé valiente II...119
La lección del caballo...125
Enfoca bien...132
Quien la sigue la consigue..138
Recursos..144
Palabras finales...148

INTRODUCCIÓN

Introducción

Me da igual las veces que has intentado encontrar pareja sin éxito, las ocasiones que te has dado por vencido, el tiempo que lleves solo, lo poco o lo mucho que sales ahí fuera a relacionarte, los libros, los amuletos, las meditaciones que hayas hecho. Intuyo que nada de eso te ha funcionado porque ahora estás aquí conmigo buscando respuestas y me alegra, mucho, de hecho, decirte que la búsqueda está a punto de finalizar. Todo es más fácil de lo que habíamos creído pero nadie antes nos lo había explicado alto y claro.

Yo estaba igual que tú, créeme. Llevaba 7 años soltera, alguna tontería por aquí y por allá, pero mi pareja ideal, como se suele decir, no aparecía por ningún lado y, lo que era peor, no había visos de que las cosas fueran a cambiar, lo cual llegaba a desesperarme por momentos.

Ya no me era tan sencillo conocer gente nueva, mis amigos estaban casi todos emparejados, ya no tenía 30 años... Me apuntaba a clases de todo tipo, incluso de cocina a pesar de que una vez casi incendié una tratando de hacer un huevo frito, y en vez de traerme a casa a un aspirante a cocinero con un aire a Ryan Gosling, me traía un *tupper* con un mejunje que se suponía que era lasaña. En fin, yo lo intentaba pero en el lado izquierdo de mi cama lo más masculino que encontraba seguía siendo PepeLuis, mi oso de peluche.

El panorama no era muy halagüeño, mi sensación de bicho raro crecía y crecía y comenzaba a darme hasta vergüenza decir la de tiempo que llevaba sola.

El número 7 me pesaba como una losa.

Sabes que eres una persona interesante, valiosa, que tienes mucho que ofrecer, que encontrar pareja no debería ser tan complicado y empiezas a preguntarte si es que hay algo en ti que está mal, si la vecina del quinto, que sin duda te tiene manía, te echó una maldición, si sencillamente repeles al amor o si es que eres una friki, diferente a los demás. Esa sensación de bicho raro no mola mucho, la verdad. Al hecho de encontrarte muy sola, se une esa impresión de estar como fuera de la sociedad, apartada, como se apartan las pasas de los cuencos de frutos secos del bar. Y ves los anuncios, las pelis y parece que todo el mundo está emparejado menos tú. ¿Pero qué demonios pasa conmigo? Ese sentimiento de exclusión es duro. Empiezas a meterte más y más para dentro y en un momento dado piensas, ok, esto es lo que hay, pequeña, el amor no es para ti.

Ahora me parece increíble que me haya sentido así. Lo recuerdo todo perfectamente ¿eh?, pero una vez que vi dónde estaba fallando y empecé a trabajar en serio en ello, fue como si todos los muros, que en realidad yo misma me había construido, se deshicieran cual hielo en el gin tonic. Los pájaros cantaban, Dumbo se echaba a volar, los chicos maravillosos aparecían por todos lados... De pronto, casi como por arte de magia, todo era fácil, increíblemente fácil. El amor estaba ahí, delante de mis narices, solamente que mi energía era tan mala que era casi imposible que alguien traspasara ese muro (en el que ya había colgado pósters de mis grupos favoritos y un p*etit point* de h*ome, sweet home)* y entrara en mi vida.... para quedarse.

Pues bien, ese muro imaginario era el verdadero culpable de mi soledad y me temo que de la tuya y es el que hemos levantado nosotros solitos día a día, hora a hora, rumiando el miedo a quedarnos solos *forever and ever,* a que no nos vuelvan a querer nunca más. Construido piedra a piedra con pensamientos del tipo "encontrar pareja es muy difícil. Es imposible, de hecho".

Mi número fatídico y el que me hizo reaccionar fue el 7. 7 años. ¿Cuál es tu número?, ¿3, 4, 10?, ¿meses?, ¿años?, ¿¿siglos??

"MI SENSACIÓN DE **BICHO RARO** CRECÍA Y CRECÍA Y COMENZABA A DARME HASTA VERGÜENZA DECIR LA DE TIEMPO QUE LLEVABA SOLA."

EL PRINCIPIO DE TODO

El principio de todo

Hace un año y medio estaba tocando fondo con el tema. No era ya tanto no tener pareja y desearlo con ganas, era la impresión de que estaba estancada y no había nada en el horizonte que tuviera pinta de hacer cambiar las cosas.

Había leído mucho sobre la ley de la atracción, las afirmaciones, el poder de la energía, del subconsciente... Libros que me atrapaban por unos días, con los que me ponía a trabajar con ilusión pero a los que a los pocos días dejaba abandonados, confusa.... y hastiada. Desencantada, volvía a mi vida solitaria, cual Greta Garbo al final de sus días, sin vislumbrar, ni remotamente, un futuro *happy end* a la vista.

Pero un día me dije: a ver, de todos los textos que he leído hay muchos que tienen bastante sentido y sé que lo que afirman funciona, el problema es que casi todos se van por las ramas, son confusos, tediosos... Yo necesito dos cosas, ir al grano y marcarme una meta. Y me dispuse a separar el grano de la paja. Me pasé semanas releyendo, subrayando, haciendo resúmenes, destilando todo lo que leía para reducirlo lo más posible y responder por fin y sin rodeos a la pregunta ¿qué es EXACTAMENTE lo que hay que hacer para atraer el amor a mi vida YA? De manera clara y rápida.

El trabajo dio su fruto y reduje todo a dos sencillos pasos. Lo tengo, me dije. Sonreí, me serví una copita de vino y brindé por mí. Me lo había ganado, no me había aplicado tanto desde que terminé la carrera.

Con las ideas por fin cristalinas, me propuse... (redoble de tambor, trompetas principescas) encontrar novio en 30 días. Sonido de bandeja llena de copas que cae en un estruendo de cristales rotos, rostros boquiabiertos que se giran hacia mí, ¿¿¿encontrar novio en 30 días??? Sonrisa satisfecha y confiada: *Yes*. Sí. *Oui*.

Necesitaba marcarme una meta y fijar un calendario para tomármelo en serio y poder medir los resultados como si de un experimento científico se tratara y bueno, al fin y al cabo, ¡esto es ciencia! Todo se basa en la energía y eso, querido amigo, es pura ciencia. Armada tan sólo de un cuaderno, muchas ganas y determinación (te lo digo ya, ganas y determinación es todo que necesitas), inicié esta travesía que me condujo a tantas cosas maravillosas.

No sólo conocí a mi chico y me fui a vivir con él al poco tiempo, es que mi autoestima se disparó, mi alegría se vio incrementada, me animé a escribir casi todos los días (y posteriormente, a escribir este libro para compartir contigo lo aprendido), me conocí más, me quise más, dejé atrás mucha amargura acumulada, un saco grande de miedo y hoy vivo con más ligereza, tomándome la vida como lo que es, un dulce y sencillo paseo.

Marqué el día en rojo en el calendario y comencé mi travesía siguiendo los dos pasos que, a mi juicio, eran los únicos necesarios.

Cada día que pasaba me era más sencillo sentirme alegre de manera constante (otra de las cosas vitales para la consecución de tu objetivo amoroso). Estaba casi siempre de buen humor, aprendí a reírme de mí misma, de las cosas que aparentemente salían mal, y digo aparentemente porque la mayoría de las veces, lo que puede parecer un contratiempo se convierte, pasado el tiempo, en lo mejor que te pudo haber pasado. Aprendí a tomarme la vida más a la ligera, al fin y al cabo vivimos en un planeta suspendido en el espacio y estamos aquí dos días, nada es tan importante, ni yo, ni mis problemas, sólo hemos venido a disfrutar y a ser felices el mayor tiempo posible, y si encima esa actitud me convierte en un imán para el amor, ¿qué más se puede pedir?

El día 25 de mi experimento amoroso recuerdo haberme levantado, como empezó a ser costumbre, con una sonrisa. Siempre me levantaba (y me levanto) con ella, me da igual cómo estén las cosas a mi alrededor, (el "engaño" de la sonrisa funciona, luego te lo cuento). Ya había notado, en los días previos, que los chicos me paraban en la calle y me preguntaban tal o cual dirección o me sonreían al pasar, que mis compañeros de trabajo eran más amables que de costumbre, incluso un ex novio del que no tenía noticias hacía mucho tiempo me había pedido amistad por Facebook (no acepté porque, entre otras cosas, quería mandarle un mensaje claro al universo de que deseaba algo nuevo y fresco y la gente del pasado ya era eso, pasado). En fin, que percibía que algo se estaba gestando y que cualquier cosa podía ocurrir de un momento a otro. Me sentía bien, con confianza, más guapa incluso.

Al volver del trabajo pasé por el supermercado (sí, entorno con más *glamour* imposible) y cuando estaba parada frente a los frutos secos, un chico me preguntó si sabía si los vendían al peso. Levanté la vista y de pronto me dio un vuelco el corazón. No es que fuera igual que el chico que yo había soñado, ya que, no sé por qué, yo lo imaginaba castaño y él era rubio, pero sentí, y lo digo de verdad, sentí que él era él, como si lo hubiese esperado toda la vida con una foto suya en la cartera, como si ya le conociese desde hacía por lo menos.... 25 días. Me sonrió de tal manera que, por lo visto, me ruboricé y le dije que no lo sabía, que yo siempre compraba los frutos secos empaquetados. Nos quedamos un minuto (ó 10, yo ya no sabía ni dónde estaba) en silencio, mirándonos y sonriendo, y ya empezamos con las típicas preguntas de si vives por el barrio, si compras mucho aquí, y todo fue taaaaan fácil, tan divertido, tan como en un sueño, que yo sentí que no andaba, sino que flotaba. Nos dimos los teléfonos y quedamos al día siguiente para desayunar (muy al estilo peli de Isabel Coixet). Desde entonces han sido multitud los cafés con tostadas compartidos.

Amigo, esto funciona, la magia existe, en realidad no es magia, ¡es ciencia! ¡es energía! Somos como radios sintonizando emisoras, si sintonizas bien la del amor, ¡prepárate para las sorpresas!

Cuando todo ocurrió me pareció también algo extraño, era por lo que había estado trabajando y creía firmemente en ello, pero te confieso que asusta un poco ver que tienes tanto poder, que ya no puedes jugar el papel de víctima del destino ni culpar a tu supuesta mala suerte. Entiendes que está TODO en tu mano y eso impresiona. Da miedo, igualmente, porque ese poder puede ir de la misma manera en contra tuyo, como de hecho había ocurrido hasta poco tiempo atrás.

En cualquier caso, al fin había aprendido a ejercerlo a mi favor y cuando termines este libro, también tú en el tuyo.

También te digo que, a pesar de los momentos tristes y de intensa soledad vividos durante esos 7 años sin pareja, creo que ese camino debía ser andado. Pasar mucho tiempo solo te convierte en alguien independiente, más fuerte. Mi vida mejoró en otras facetas, como la profesional o la de la amistad... Viajé sola, crecí como ser humano, alcancé a conocerme como únicamente pasando mucho tiempo en soledad puede uno llegar a conocerse y no lamento nada. La vida se desarrolla como es debido.

Cuando mi pareja llegó a mi vida, se abrió un nuevo capítulo de conocimiento que había tenido abandonado ¡por falta de medios! Aprendes a compartir, a llegar a acuerdos, a transigir, a cuidar a otra persona, a lavar los platos cuanto te toca, no cuando ya no quedan más en la alacena... En fin, aprendizajes que también son enriquecedores y maravillosos. Pero mi tiempo sola y tu tiempo solo, no es tiempo en balde ni mucho menos. Ningún tiempo lo es, todo pasa por algo, créeme. Disfruta tus últimos días de soltería, algunas cosas las vas a echar de menos :)

Cuando bajé un poco de la nube y pude contemplar satisfecha el camino andado, releer mi cuaderno del amor (luego te hablaré de él), contarle mi *experimento* a mi chico y dejar que flipase un poquito él también, decidí que esto tenía que compartirlo. Sabía que mucha gente se encontraba en el mismo punto en el que había estado yo durante 7 malditos años y no podía permitir que algo tan sencillo y fácil de llevar a cabo no pudiese llegar también a ellos. A ti.

No sabes cuánto me alegro de que tengas este libro entre tus manos. Cuando se manifieste el amor en tu vida, por favor ¡compártelo con los amigos que lo necesiten!, presta el libro, cuenta cómo funciona, vamos a llenar el planeta de gente enamorada, ¡claro que sí! ¡Qué viva el amor!

"CON LAS IDEAS POR FIN CRISTALINAS, ME PROPUSE... (REDOBLE DE TAMBOR, **TROMPETAS PRINCIPESCAS**) ENCONTRAR NOVIO EN 30 DÍAS."

EL MÍO NO TIENE ESA BARBILLA TAN RARA

TU HISTORIA ES MUY BONITA PERO VE YA AL GRANO

Tu historia es muy bonita pero ve ya al grano

Que yo te diga que somos energía y que todo, todito, todo es energía, igual ya lo sabes y, si no lo sabías, tal vez te deje frío; pero si te digo que lo afirmó, por ejemplo, el bueno de Einstein, probablemente me harás más caso.

Efectivamente, somos energía y lo que hacemos con ella, o mejor dicho, hacia dónde la enfocamos, es lo que hará que tengas una pareja en 30 días o no.

Pero es que yo soy una persona con estudios, moderna, culta, con los pies en la tierra, con mis series de Netflix programadas y mi suscripción al Jot Down, dirás, ¡yo no creo en esas tonterías! Las cosas se consiguen con mucho trabajo, con suerte, con contactos, pero yo no pinto nada en la consecución de mis deseos, hay gente que encuentra pareja fácilmente y gente que no. Punto. Pues no, *nanay*, esa energía existe, vaya que si existe y lo que hagas con ella es VITAL. Y sólo depende, afortunadamente, de ti.

Todo vibra en una cierta frecuencia y tu chico/a ideal también. Las energías positivas (felicidad, amor, esperanza...) vibran en una frecuencia alta y las energías negativas (tristeza, preocupación, miedo...) en una frecuencia baja. Si deseas atraer a tu vida el amor (energía alta donde las haya y por eso lo queremos cerquita), has de elevar también tu energía a ese nivel superior. Es como intentar sintonizar una radio en una emisora: por más que lo desees, no vas a escuchar Radio 3 si estás en la onda de Radio María. Amén.

Lo bueno, lo buenísimo, es que tú puedes cambiar la onda fácilmente. Sólo tú tienes acceso a tu mente y a tus pensamientos y por muy mal que te vayan las cosas en el tema del amor, puedes "forzar" la máquina y obligar a tu cabecita loca a pensar bien y dirigir correctamente la frecuencia, y lo mejor de todo es que es muy sencillo.

Te voy a poner un ejemplo que te va a sonar: Sergio se levanta y se siente fantástico, se pone su camiseta favorita, se mira al espejo y se dice: "¡Hey, hoy estás que te sales!". Se echa a las calles y, oh, sorpresa, la vida le sonríe y lanza flores a su paso. Las chicas le miran, los tenderos le atienden con su mejor sonrisa, encuentra sitio para aparcar en hora punta... La vida le trata bien porque él la trata bien a ella. En ese estado, las cosas parecen fluir fácilmente... Creo que adivinas el por qué de ese pequeño milagro en la existencia de Sergio: la energía que desprendía era de la buena, era positiva, era de frecuencia alta y eso atrae cosas buenas, positivas y de frecuencia alta (amor, felicidad, esperanza...). Todos hemos vivido días así, sales a tope de casa, con la sonrisa en los labios y todo sale fenomenal.

En el lado opuesto, a veces te levantas con el pie izquierdo y raro será, salvo que no hagas un esfuerzo por cambiar tu frecuencia, que todos los semáforos se pongan en rojo, que llegues tarde al trabajo y te echen una bronca, que te conteste borde el tío del kiosco y que no termines el día maldiciendo a la vida que tan mal te trata.

Así que ya sabemos dónde hay que atacar: dentro de ti.

¿Quieres seguir lamentándote de lo solo que estás mientras te acabas el litro de helado de Ben and Jerry's o quieres coger los mandos de tu vida e irte derechito a los brazos de tu nuevo amor? El condensador de *fluzo* ya está encendido y tu futuro es extra brillante. ¡Adelante, McFly!

"EL CONDENSADOR DE FLUZO YA ESTÁ ENCENDIDO Y **TU FUTURO ES EXTRA BRILLANTE.** ¡ADELANTE, MCFLY!"

GAFAS DE SOL PARA PODER CONTEMPLAR TU FUTURO.
(LA SALUD ES LO PRIMERO)

DESEA

DESEA

Sólo hay dos cosas que has de hacer para que se manifieste tu chico/a ideal, si te comprometes y lo haces bien, deberías ver resultados en unas 4 semanas. Yep!

Yo conocí a mi chico exactamente a los 25 días de comenzar mi plan de "encontrar novio en 30 días". Me lo tomé muy en serio, la verdad, estaba harta de perder el tiempo y de dar palos de ciego, así que me dije o lo hago bien o no lo hago. Y lo hice bien, y salió bien, salió muuuuy bien.

Así que vamos con el paso 1º:

"ME LO TOMÉ MUY EN SERIO."

¿QUÉ DIABLOS QUIERES?

¿Qué diablos quieres?

Parece una tontería pero muchas veces los deseos no se manifiestan porque realmente no definimos bien qué es lo que queremos. Sí, una pareja, ya lo sé, pero ¿cómo es tu pareja ideal? Y no me digas George Clooney; primero, porque Amal es muy maja y además no tiene pinta de soltarlo y, segundo, porque realmente no le conocemos (maldito George, qué te costaría) y a lo mejor en las distancias cortas es un rollazo de hombre (lo dudo) o le gusta desayunar cebollas crudas y su preciosa sonrisa ya no lo sea tanto... Nada, nada, mejor empezar a soñar desde cero.

Así que, éste es el primer ejercicio: coge un papel y un boli y comienza a escribir tu carta a los reyes magos del amor. Ten en cuenta que ellos no tienen ni idea de lo que quieres, para ellos el hombre ideal puede ser un señor con barba blanca que reparte regalos el 24 de diciembre (sí, estos reyes tienen sus preferencias y tienen derecho a ellas). ¿Cuál es el tuyo? Inteligente, cariñoso, guapo, interesante, sexy, creativo, positivo, moreno, ojos grandes, sonrisa maravillosa... (oh, no, ¡estamos describiendo a George Clooney otra vez! No tenemos remedio). Las posibilidades son múltiples, por eso es importante que definas a TU chico/a ideal.

Y ¿cómo te gustaría que fuese vuestra relación? Compañeros de vida, con libertad para ser cada uno como es, apoyándoos en vuestros proyectos, compartiendo sueños y hobbies, con respeto y buen humor, que todo fluya fácilmente, que os hagáis mejor el uno al otro.... Como ves, opciones hay miles y personas, millones, por eso definir con detalle clínico lo que deseas puede hacer que esto funcione o no.

*Consejito extra. Hay un detalle importante que deberías añadir siempre: ¡que la persona en cuestión esté soltera! A veces la persona aparece, pero ¡ups! viene con regalo y eso siempre complica las cosas, así que añade siempre: soltera y que esté profundamente enamorada de mí :) ¡Ahora sí!

Dedica el tiempo que necesites para definir a ese ser maravilloso con el que vas a compartir el resto tu vida (suena bien, ¿eh?). Es un momento ilusionante y divertido. Date tu tiempo, regodéate en los detalles. Ponte música, siéntate en un sitio agradable y ¡a pedir por esa boquita!

¿Tienes un cuaderno a mano? Te recomiendo que si lo tienes o te apetece comprarte uno bonito, lo hagas, será necesario para un ejercicio que aunque no es esencial (en este manual quiero recalcar lo que es verdaderamente necesario, ir al grano y no complicarte mucho la vida para que no te salgas del camino), facilita mucho el viaje. Escribir es mágico, ¡ya casi no escribimos a mano! y es muy terapéutico, además de crear una relación íntima con las palabras, imprescindibles en la consecución de objetivos (amorosos o no). Volveré a ello un poco más adelante, pero si tienes un cuaderno sin usar, tenlo cerca porque lo vas a utilizar en breve.

Mientras escarbas en tu cabeza en busca de

las fascinantes cualidades que debe tener tu pareja ideal, no tengas miedo de tachar y reescribir hasta pulir y perfeccionar su retrato robot. Cuando lo tengas claro como el agua, pásalo a limpio en un papel o en tu cuaderno del amor si es que lo vas a usar (insisto, no es necesario aunque sí conveniente).

Es importante, importantísimo de hecho, que ese deseo, esa persona que has descrito, esa relación con la que sueñas, te ilusione al máximo, que sea el no va más. No definas lo que crees que puede ser más fácil de conseguir, no describas un *pepitodelospalotes* si deseas tener a un *bradpitt*. Lo que escribas en ese papel ¡debe ponerte los pelos como escarpias! Hacerte bailar, sonreír y tocar el cielo sólo de pensarlo. Al releerlo, debes notar como si algo dentro de ti se pusiera en marcha (el motor, del que te hablaré en breve y que te conducirá literalmente a él o ella). ¿Notas cómo ronronea de felicidad? Ese deseo es la gasolina de tu motor, si la gasolina es buena y en cantidad, irás volando de la soledad a los brazos de tu amor en un periquete, si le echas sólo un poco de combustible, apenas avanzarás y te quedarás donde estás. Si no te ilusiona a muerte, no funciona.

Tu chico/a está ya con los brazos abiertos y su preciosa sonrisa deseando estar contigo pero ¡oh! ¡tu coche no avanza! Va lento, se para, se cala, retrocede, ¿¿pero por qué?? Porque tu gasolina del deseo es débil. ¡Desea lo máximo! Sólo así tu descapotable irá raudo como el viento hacia tu nueva vida junto a él/ella. ¡Yijaaaaa!

Cuando ya lo tengas bien clarito podemos realmente empezar.

Lo único que tienes que hacer es dedicarle todos los días 30 minutos a la manifestación de este deseo. 30 minutos durante 30 días, yo creo que es más que razonable, ¿no? Se tarda más en hacer un estofado.

¿Y qué hay que hacer en esos 30 minutos? Los primeros 20 dedícalos a introducirte en una ensoñación lo más intensa posible en la que estás ya con esa persona maravillosa que tan bien has definido en tu papel y en tu mente. Yo me ponía una música tranquila y evocadora (ayuda mucho para meterte en "la película") y comenzaba a imaginarnos juntos en diferentes situaciones: viajando, comiendo, hablando, riendo... A veces tan sólo me concentraba en cómo era su cuello, acercándome mucho al detalle (no es necesario que tengas una imagen clara de cómo es su cara pero sí que *sientas* que hay una persona, que respira y cuyo corazón late... ¡por ti, claro!).

Nos imaginaba durmiendo abrazados, despertando felices, viajando en coche, bañándonos en una playa, con amigos, disfrutando el uno del otro, cocinando una lasaña en condiciones, no incendiando la cocina juntos... Con sonrisas cómplices, mirándonos con cara de enamorados, diciéndome te quiero, diciéndole te quiero... Vamos, el delirio total de un sueño ultra romántico-amoroso.

Yo a veces conseguía casi llorar de emoción, era tan fuerte la sensación de tenerle ya en mi vida y estar experimentando todo eso, ¡que casi lo vivía de veras! Es esa intensidad la que debes intentar alcanzar. Siéntelo, siéntelo en todo tu cuerpo, debes percibir ya su presencia en tu vida.

Quiero que tengas muy clara una cosa: esa persona ya está aquí, no está en otro sistema solar ni es un ser del futuro, está aquí, respirando en un lugar de este mundo, probablemente de tu ciudad, quizás ahora esté leyendo o justo levantando la vista y suspirando por alguien exactamente como tú. Sí, está aquí, en la Tierra, vivo y coleando. Debes creer en ello más que en que el sol saldrá mañana por el horizonte, que esto es tan cierto como que nunca llego a fin de mes y que la ley de la atracción funciona si crees en ella y sigues, como un niño aplicado, sus sencillas reglas.

Haciendo esto todos los días durante 20 minutos, ese motor que pusiste en marcha definiendo tu deseo ruge a rabiar y te hace avanzar, a veces lentamente (si tienes un día un poco disperso y no logras emocionarte con lo que ves en tu pantalla), a veces a toda máquina, si consigues que tu piel se ponga casi de gallina y la emoción de sentirle ya en tu vida te invada profundamente. Yo al final soñaba en cinemascope, con sonido *surround* y por supuesto en 3D.

¿En qué momento del día deberías hacer esto? Cuando tengas un hueco para ti. Es vital que estés relajado, que no tengas prisa por quitártelo de encima, que lo saborees. Quizás al volver de trabajar y relajarte en casa o en la hora de la comida si puedes encontrar un lugar cómodo donde nadie te moleste durante ese rato o tal vez antes de quedarte dormido por la noche... El momento es el que tú creas más idóneo pero, por favor, ¡no dejes de hacerlo!

¿Puedes concederte 20 minutos durante 30 días? Créeme, esto funciona. Lo he vivido en mis carnes y en las carnes de gente muy cercana a mí. FUN CIO NA. Sólo tienes que comprometerte 20 minutos, 30 días. Yo creo que tu chico/a lo merece, ¿no?

¿Y qué hay de los otros 10 minutos para llegar a los 30 diarios? Bien, si sólo puedes hacer una cosa, que sea la vivencia de la súper producción *hollywoodiense* del amor, que ríete tú de las de Hugh Grant y Julia Roberts, sentir a tope estar dentro de esa peli es imprescindible, pero si puedes, hay otro elemento que funciona de maravilla y sirve para que los caballos de tu coche parezcan los de un Ferrari. ¿Recuerdas el cuaderno? Ábrelo y escribe todos los días una carta a tu chico/a. Puedes escribirle lo que quieras, un día imaginado maravilloso: "He disfrutado como una enana yendo hoy a cenar contigo", "me gustaría que no te hubieses terminado la caja de bombones que me regalaste, pero te quiero igual", por ejemplo, o lo que te enamora de él/ella o recordar cómo os conocisteis, los planes juntos para este verano, un poema... También funciona dibujaros juntos o dibujarle a él/ella, da igual lo mal que lo hagas (si vieras los míos...), lo importante es el símbolo. Incluso si no se te ocurre nada, escribe frases del tipo: "Gracias por estar ya en mi vida", "me hace muy feliz tenerte cerca", "nuestro amor crece y crece cada día", o el infalible Sra. de Gosling o Sr. de Johansson escrito mil veces :P

Al igual que en la ensoñación, al escribir, cuanto más sientas que es real, mejor, más potencia, más alas das, más cerca lo tienes.

Cuando lo termines y estés con él/ella te aseguro que amarás ese cuaderno locamente porque habrá mucho de ti y de tu alma en él y, lo más bonito, tu chico/a también estará allí, entre esas palabras.

Saber lo que deseas con una nitidez extrema, deleitarte en ese deseo con todo lujo de detalles y creer hasta los huesos que esa persona soñada y esa relación anhelada es absolutamente posible que llegue a tu vida, es todo lo que necesitas.

Tiramos a la basura todas las frase del tipo: es imposible, es muy difícil, estoy pidiendo demasiado, dónde voy a conocerle si apenas tengo planes para salir, si mis caderas son más anchas que la media, si todos los chicos interesantes ya están cogidos, si me estoy quedando calvo. Amigo, esas afirmaciones son las que te han traído hasta aquí, gracias a ellas nos hemos conocido (hola, ¿qué tal?) pero, seamos sinceros, estás hasta las narices de ese monstruito apalancado en tu hombro que te susurra semejantes estupideces un día sí y otro también. Ahora tienes la oportunidad de creerle a él, quedarte donde estás y seguir comprando los *tetra bricks* pequeños o afirmar que TODO es posible si pones el dial en la emisora correcta, elevas tu vibración positiva al máximo y te ves ya disfrutando de la vida con un daiquiri en la mano y tu amor en la otra. ¿Te subes ya al coche del amor?

"PARA ELLOS EL HOMBRE IDEAL PUEDE SER UN **SEÑOR CON BARBA BLANCA** QUE REPARTE REGALOS EL 24 DE DICIEMBRE."

SUPERHOT!

SONRÍE

SONRÍE

El poder de la alegría es inmenso. Perdidos en nuestros propios enredos diarios, a menudo olvidamos que una sonrisa puede cambiarlo absolutamente todo.

Paso 2º y último:

"EL PODER DE LA ALEGRÍA ES **INMENSO.**"

MÁS QUE YO

BECAUSE I'M HAPPY!

Because I'm happy!

¿Y qué hago el resto del día? ¿Me quedo dándole vueltas al tema? ¿Pensando en mi pareja ideal? ¿Haciendo ejercicios de meditación? ¿Apretando contra mi pecho una rosa roja? Nada de eso, todo lo contrario, el resto de tu tiempo has de tratar de olvidarte de tu ardiente deseo y vivir tu vida feliz y con la tranquilidad de saber que él/ella ya está en tu vida, que nada te falta y, por lo tanto, no hay razón que impida que la alegría lo inunde todo.

En tu día a día hay algo que es tan importante como la ensoñación: tienes que sentirte bien. Éste es un sistema de dos pasos: desear a tope y sentirte a tope. Punto. Eso es todo lo que hay que hacer.

Durante la visualización amorosa, tu motor, radiante e ilusionado, se enciende y hace que empieces a avanzar hacia una mesa para dos con velitas y una botella de vino. Para que el motor siga rugiendo y no dé marcha atrás, el resto del día tienes que alimentarlo con más gasolina, en este caso en forma de buen rollo y alegría. Si haces la ensoñación pero durante las 23.30 horas restantes estás amargado, triste, asustado, el coche empieza a desandar lo andado y a irse hacia atrás sin frenos... ¡Y eso no lo podemos permitir!

Sentirte feliz el resto del día es imprescindible, porque esa alegría deshace el muro aquel del que hablamos, repleto de dudas y miedos, y te convierte en un imán para todo tipo de cosas maravillosas. Tu buena energía mantiene el ronroneo del motor, que se pone más y más contento y hace que, por ser un alumno aplicado y sonriente, la ley de la atracción te traiga, ¡sorpresa!, ¡más motivos para estar como unas castañuelas! Si estás triste, la vida te trae de vuelta más tristeza. Es una faena, lo sé, pero esto funciona como un reloj suizo, es tan certero como una fórmula matemática. Alegría atrae alegría, malos rollos atraen malos rollos.

Así que ya sé que llevas mucho tiempo solo, que a veces asusta, que lo has intentado muchas veces y no lo has conseguido, que el chico ese pasó de ti a pesar de ser tú la tía más guay del mundo... Pero ahora tienes que dejar todo eso atrás. Mete mentalmente en una bolsa de basura todos esos pensamientos feos, inútiles y paralizantes, cierra bien la bolsa y visualízate tirándola a un río (la bolsa es biodegradable, por supuesto). Contempla cómo se la lleva la corriente y cómo se alejan para siempre todos tus pensamientos de miedo, cómo se van hundiendo, deshechos, dejándote a ti ligero, feliz y con la mirada al frente, a la espera de todo lo bueno que está a punto de llegar.

Sé también que el día a día puede ser duro a veces, hay problemas, señoras que se cuelan en el supermercado, lluvias cuando no trajiste paraguas, jefes injustos, kilos en tus muslos que jurarías que ayer no estaban... Mantener la vibración positiva a tope a veces no es fácil, pero es posible. ¿Cómo? Concéntrate en lo que está bien. ¡Siempre hay algo que está bien en tu vida! A veces son cosas que parecen pequeñas: tienes un techo donde vivir, una manta cálida, comida en la nevera, agua caliente, música y libros, manos, piernas, ojos, gafas para aprovechar bien esos ojos y poder leer la carta del restaurante, amigos, familia, sueños por vivir y, lo más importante, sobres para hacer tortitas y una botella de sirope de chocolate. Es imposible que no haya nada de nada que vaya bien. Enfócate en eso y sube el volumen de su vibración ¡Fuérzalo! Damos por hecho muchas cosas que millones de personas no tienen y por las que tenemos que estar agradecidos, siempre. Y ahora más, porque sentir esa felicidad es imprescindible para que tu sueño se manifieste.

Nada más levantarte, sonríe, ríe si puedes. ¡Estás vivo! Abres el grifo ¡y sale agua! ¡Milagro! Le das a un simple botón y ¡se enciende la luz! El café ha venido desde la maravillosa Colombia hasta tu cafetera y ¡está delicioso!... ¿Lo pillas? Pues así con todo.

¿Sabes el método infalible para sentirse bien pase lo que pase? Sonreír. Aunque te parezca forzado en algunos momentos, lo cierto es que tu cuerpo y tu mente están totalmente conectados y, si sonríes, tu mente no entiende que estás "mintiendo", percibe la sonrisa y dice, vaya, debe ser que estamos contentos y ¡zas! te pones contento. ¡Pruébalo! ¿Ves cómo funciona?

Imagina que todas y cada una de las células de tu cuerpo sonríen, se carcajean, siente esa felicidad recorrer todo tu cuerpo. ¡Baila!

Hazte una *playlis*t con esas canciones que te suben siempre la moral, un listado de pelis con las que te partes, ten a mano la foto de tu sobrina disfrazada de Cher, prepárate esa cena que te chifla, llama a esa amiga que está siempre de buen humor y que sabe cómo hacerte reír. Hazte una lista de tus *sube ánimos* y tenla siempre a mano porque necesitas, sí, has leído bien, necesitas sentirte bien todo el tiempo.

Ok, ok, ya sé que es casi imposible estar en la

nube rosa las 24 horas del día, no somos máquinas y a veces los acontecimientos nos pueden y es bueno, además, soltar lo que llevamos dentro y no mirar para otro lado. Con lo que te tienes que quedar es con que cuantas más horas al día pases con vibración positiva a tope, más cerca está el amor de tu vida. Cuanto más tiempo te recrees en las cosas que no te van tan bien o te asustan, más kilómetros desandados por tu coche del amor.

Para que esto funcione, la media de pensamientos positivos ha de ser siempre mayor que la de los negativos. Si la diferencia es muy poca, tardarás mucho en llegar y te vas a desanimar, que ya nos conocemos. Necesitamos llegar YA y ver que avanzamos rápidamente. Si quieres coger la mano a tu chico/a de aquí a 30 días, haz que tus pensamientos negativos fluctúen entre muy pocos o ninguno.

La buena noticia (¡esto es como un festival de

buenas noticias!) es que cuanto más te acostumbras a pensar bien, a enfocarte en lo bueno, en bailar al ritmo de la música jubilosa de la vida, más fácil te va pareciendo todo, menos cosas malas se interponen en tu camino y, de pronto, parecerá que vas tranquilamente avanzando cuesta abajo con el viento rozándote la cara, feliz cual perdiz a encontrarte con tu nuevo y maravilloso amor.

Esto se basa en lograr que la esperanza sea más fuerte que el miedo. Porque el miedo es el enemigo a batir. Y nunca se vence del todo, seamos realistas. Vivimos con miedo y viviremos con él, está en nuestro ADN y nos ha salvado de muchas faenas. Pero nunca debe tomar los mandos de tu vida. A la larga es mejor vivir con una alegre despreocupación, aunque a veces parezca uno un poco naif, que paralizado por el miedo. Que la esperanza y la confianza en los resultados sea siempre mayores que tu miedo. Siempre.

Cuando algún acontecimiento poco afortunado ocurre en tu vida, elegir sentirte tranquilo y confiado, en vez de triste y angustiado, es decisión tuya. No es algo que se activa como si fuera un resorte, sin estar bajo tu control. Elegir sentirte bien a pesar de todo, es una elección consciente y debería ser constante. Consciente y constante, quédate con ello. No dejes que las circunstancias sean las que aprieten los botones de tu estado de ánimo. Tú decides estar y sentirte animado a pesar de lo que pase a tu alrededor, tú eres quien dirige el cotarro aquí. No lo olvides. Eres extremadamente poderoso.

Di sí a la vida. ¡Di sí a casi todo! (menos a que nos suban más el precio de la luz). Que tu actitud sea juguetona, curiosa, dando como seguro que todo va a salir bien, que la vida te quiere y te cuida, que sólo tienes que confiar en ella, saber que si te dejas caer hacia atrás, ella te va a recoger. Sintiendo y sabiendo que todo es extraordinariamente sencillo.

En una semana de cortar la maleza de tus pensamientos feos de cuajo y de regar y nutrir los buenos, el cambio ya se empieza producir: tu energía cambia, tu motor ronronea animado, la gente lo nota, la vida lo nota y ¡todo empieza a marchar! ¡*Go, go, go*!

"NO SOMOS MÁQUINAS Y A VECES LOS ACONTECIMIENTOS NOS PUEDEN."

MIS PECHOS SON DOS TUERCAS
Y ME SIENTO MUY DESGRACIADA.
(LAS MÁQUINAS TAMBIÉN SUFREN).

AMA

¡Y eso es todo! Si sigues estos 2 pasos con constancia y compromiso, el amor llegará a tu vida. Punto.

- Define a tu pareja ideal con todo lujo de detalles y recréate vivamente en ello 30 minutos al día.

- Sé muy feliz el resto de tu día, elevando la vibración positiva al máximo todo el tiempo que puedas.

Resultado: chico/a maravilloso/a esperándote en casa.

Ahora ve a por ello como nunca antes habías ido.

El amor de tu vida también te está buscando a ti. Eleva tu frecuencia, pónselo fácil, que tu imán sea el más poderoso de la Tierra.

Cual cazador del amor, ve siempre a la búsqueda de cualquier gesto amoroso en tu día a día, por pequeño que sea: una sonrisa amable de alguien, una llamada de un amigo, cualquier muestra de amor, de cualquier tipo de amor que recibas hoy, el que te da tu gato también cuenta, claro, elévalo al máximo, magnifícalo, sube el volumen a tope hasta que todo sea amor en tu vida y sólo veas amor alrededor tuyo. Si lo haces tendrás un aura rosita alrededor y hasta los unicornios querrán acercarse a ti.

Riega siempre las flores de tu jardín, quiérete mucho, bésate, mímate, enamórate de ti primero y todo vendrá rodado.

*Nota 1: He contemplado que en bastantes ocasiones, justo antes de conseguir que tu deseo amoroso se manifieste, empiezan a ocurrir pseudo desastres o experimentas un bajonazo fuerte que te hace dudar de todo. ¡¡No tires ahora la toalla!! Es la tormenta previa a la calma. La parte de tu subconsciente (del que hablaré a continuación en "las bolas extra") que has intentado cambiar y que te ha estado fastidiando todos estos años, está dando los últimos coletazos, se resiste a desaparecer y puede hacer de las suyas en un gesto último de rebeldía. Ni caso. Es su final y te comprometes a ir a su entierro pero a nada más, a este enemigo, ni agua. No te asustes y no te rindas ahora que ya tienes clara la lista de los muebles de Ikea para tu nuevo hogar compartido.

Es importante prevenirte de ello porque es posible que te ocurra y el enemigo esperado es mucho más fácil de combatir.

*Nota 2: Te confieso que aunque soy una fan acérrima del momento ensoñación ultra romántica, en algunos momentos me costó. Los primeros días era divertido pero al poco tiempo parecía que se me empezaban a acabar las ideas y no sabía sobre qué soñar. Pronto aprendí que bastaba con imaginarnos tumbados frente al mar bien juntitos o recreándome en su cara, aunque la misma escena se prolongara durante 20 minutos. Tan sólo sentir que él estaba cerca bastaba y sobraba.

Normalmente, los días que no estaba muy inspirada creando mi película, ésta se iba animando sola, surgían nuevas situaciones juntos y volvía a experimentar el subidón y la felicidad de saber que todo lo visualizado se haría realidad muy pronto.

Te digo también esto porque es posible que te ocurra lo mismo y no pasa nada. Empieza con algo básico, como un paseo en coche junto a él/ella y, poco a poco, toda "la trama" irá creciendo. La imaginación es un músculo que, a diferencia de los de mi tripa, se desarrolla rápido.

Te prometí un manual sencillo, práctico y directo y lo que hemos compartido juntos hasta aquí va a llevarte, sin más rodeos, derechito al amor pero la información nunca está de más y las 11 bolas extra siguientes son mega interesantes y mega útiles y creo que vas a sacar buen provecho de ellas.

"CUALQUIER TIPO DE AMOR QUE RECIBAS HOY, EL QUE TE DA **TU GATO** TAMBIÉN CUENTA, CLARO, ELÉVALO AL MÁXIMO."

NO VOMITO BOLAS DE PELO, SINO DE AMOR

LAS 11 BOLAS EXTRA

Las 11 bolas extra

ES DE BIEN NACIDO SER AGRADECIDO

Es de bien nacido ser agradecido

Si estás familiarizado con la ley de la atracción ya sabrás lo importante que es estar agradecido, tanto por lo que ya tienes que, insisto, es muchísimo más de lo que la media de la humanidad tiene, como por lo que ya está en camino. Si, por ejemplo, en tus escritos diarios a tu futuro novio/a agradeces ya su presencia en tu vida, si te levantas por la mañana y te acuestas por la noche dando gracias por tener un ser tan maravilloso a tu lado, estás lanzando una energía potentísima hacia fuera. Primero, porque te sientes muy bien, vital para que el coche avance y, segundo, porque esa confianza que lo da ya todo por hecho mueve montañas y manda un mensaje súper fuerte y claro al universo.

Sí, te estoy pidiendo que des las gracias por tu novio/a imaginario/a y tu vida imaginaria. Ya jugabas con amiguitos imaginarios cuando eras un niño, así que tampoco te pilla tan de nuevas. Échale un guiño a la vida. Suena divertido, es divertido, y además funciona.

Si no dudas de que él/ella va a llegar y tienes la certeza de que está a la vuelta de la esquina, ni Hamilton habrá visto un bólido más rápido que el tuyo. Así que recuerda: ¡da ya las gracias por ello!

Apreciar todo lo que tienes te pondrá de buen humor, te borrará esas arrugas que te han salido en el ceño, te convertirá en alguien con el que es un gustazo estar, te volverá más humilde, más solidario, más amable, porque te darás cuenta de que muchas veces te estás quejando de vicio, sobre todo si lees la prensa y tomas conciencia de algunas de las cosas que pasan en el mundo. Perder el bus o incluso torcerte un tobillo, no es nada comparado con las verdaderas desgracias de gente menos afortunada. Nunca lo olvides, tienes muchos motivos para estar agradecido.

"NI HAMILTON HABRÁ VISTO
UN BÓLIDO MÁS RÁPIDO
QUE EL TUYO."

¡APARTA QUE VOY!

TEN UNA CHARLITA CON TU SUBCONSCIENTE

Ten una charlita con tu subconsciente

El tema del subconsciente da para un libro aparte y es una bola extra un poco más larga porque hay mucho jugo que sacar y porque entenderte bien con él puede hacer que tu vida en general cambie radicalmente.

Casi te diría que el responsable de que vayas solo a las bodas y tengas que aguantar las preguntitas de tu tía Dolores de por qué no te has casado ya, es el subconsciente. Pero no lo llevemos a la hoguera sin juicio, también le debemos mucho de lo que somos y, después de todo, tampoco estamos tan mal, ¿no?

No es necesario que tu subconsciente y tú os pongáis de acuerdo y reméis en la misma dirección para que tus deseos se manifiesten. Afortunadamente, basta con que seas firme con los dos pasos que hemos visto. Pero, eso sí, si os entendéis bien y empujáis juntos, ¿adivinas qué? Consigues extra de propulsión para tu bólido.

Seas consiente de ello o no, por tu cabeza pasan muchas cosas, algunas de las cuales no dirías ni a tu peor enemigo. Esos pensamientos, son creencias que has ido atesorando a lo largo de tu vida, como respuesta a tus primeras relaciones con otros seres humanos. Algunas de ellas se gestaron incluso cuando eras muy pequeño. Si un niño del cole que te gustaba te tiró un libro a la cabeza y te dijo que te odiaba, si tu primera novia del instituto te puso los cuernos o te dejó por tu mejor amigo, incluso si la relación de tus padres no era como las que te leían en los cuentos, todas esas vivencias y las conclusiones que sacaste de ellas (insisto, muchas de ellas siendo tan sólo un niño), tu subconsciente las resumió en unas bonitas frases que se convirtieron en tus creencias. Algunas de esas creencias son afortunadas y otras desafortunadas y poco ciertas o fueron medio ciertas una época de tu vida pero ya no lo son. Por ejemplo, quizás con 8 años, que no supieras jugar bien al fútbol podías vivirlo como si fuera el fin del mundo, y a día de hoy espero que no lo vivas así, pero un complejo de inferioridad puede estar alimentándose de esas primeras sensaciones infantiles de no saber chutar decentemente a los 8 años y sentirte por ello inferior al resto de los amigos y anda que no ha llovido desde entonces. A veces vivimos en cuerpos de señores y señoras muy serios y responsables pero basando nuestras decisiones y comportamientos en creencias razonadas por mentalidades de niños de 8 años. Maaaaaal.

El problema es que esas creencias te acompañan día y noche y si has pasado mucho tiempo sin pareja queriendo tener una, te digo ya que esas frases aún resuenan en tu cabeza y son las responsables de que, aunque desde fuera todo pinte como que va a salir bien y ese puede ser el amor de tu vida, en el último momento todo se vaya al garete. Tu subconsciente ha dicho que no y es que no.

Tu mente consciente tira para un lado: quiero tener pareja y ser feliz, y tu mente subconsciente tira para otro: los hombres sólo traen sufrimiento y éste tiene pinta de tirarme un libro a la cabeza y decirme que me odia, será mejor que me cargue también esta oportunidad.

Volviendo al símil del coche, si consciente y subconsciente no están en la misma onda, es como si pisaras el acelerador y el freno a la vez. La vida se bloquea y es difícil avanzar.

Por eso, si te haces coleguita de tu subconsciente, os ponéis de acuerdo y aclaráis las cosas como buenos hermanos, y es que tú dijiste eso pero sabes que es una tontería, pero es que tú dijiste lo otro y me hiciste mucho daño, si os sentáis frente a frente y hacéis las paces y vais desterrando esas creencias que han quedado totalmente obsoletas y os quedáis sólo con las que os son útiles a día de hoy, no sólo tu vida será mucho más sencilla, si no que meterás la quinta al carro y estarás compartiendo manta y peli con tu chico/a en menos que canta un gallo.

Hay muchas técnicas para cambiar lo que no nos aporta nada bueno del subconsciente pero, en resumen, lo que has de hacer es reescribir esas creencias inútiles y más pasadas de moda que las hombreras, y cambiarlas por otras sensatas, razonables, actuales, llenas de luz y esperanza.

Para ello, piensa lo primero que se te viene a la mente cuando te pregunto: oye, y si tantas ganas tienes, ¿por qué no tienes ya pareja? Sin pensarlo mucho, escribe lo primero que se te venga a la cabeza (no en tu cuaderno del amor, ahí sólo queremos cosas bonitas). Podrían ser frases del tipo: porque no es tan fácil, porque todos los chicos interesantes ya están cogidos, porque a las personas como yo nos cuesta mucho conocer chicas nuevas y maravillosas, porque soy cuellicorta y eso es un gran impedimento para todo... Escribe lo que te vaya saliendo sin ponerle cortapisas.

Apunta todas las respuestas que te salgan, no te dejes ni una. ¿Lo tienes? Bien, pues ahora imagina que estás frente a un jurado y tienes que rebatir cada una de ellas porque, ¿sabes qué? Son todas falsas ¡todas!

Dale la vuelta a cada una de ellas:

"Porque no es tan fácil" pasa a ser "tener pareja es algo sencillo, tan fácil como respirar".

"Todos los chicos interesantes ya están cogidos" pasa a ser "la calle está plagada de chicos interesantes, solteros, con ganas de conocerme y enamorarse de mí".

Y así con todas.

Una vez las tengas, repítete las que serán tus nuevas creencias hasta la saciedad, día y noche, hasta que se te queden bien grabadas en la mollera. Repítelas con emoción (creo que ya has pillado que sin emoción no hay resultados), creyendo en cada palabra que dices. Repetir como un loro no sirve de nada, debes de creer en lo que te dices.

Una forma fantástica de hacer esto es grabarte esas frases en el móvil y así escucharlas de tu propia voz. Puedes ir oyéndolas en el metro con tus cascos o ponértelas antes de hacer tu ensoñación amorosa, para entrar en tu súper peli con el subconsciente más de tu parte todavía.

Tu cerebro se acaba creyendo a pies juntillas lo que le dices con más frecuencia y si le dices machaconamente que encontrar pareja es algo difícil de conseguir, te será, efectivamente, difícil de conseguir. Repite conmigo: es fácil, es posible y espera que están llamando a la puerta y debe ser mi novio/a.

Piensa bien y... amarás.

Si todo esto te da una pereza que te mueres, no te preocupes, insisto en que no es vital para que llegue tu amor. ¿Lo facilita?, ¿te hace sentir mucho mejor contigo y con la vida? Sí, pero puedes pasar sin ello.

"EL RESPONSABLE DE QUE VAYAS SOLO A LAS BODAS Y TENGAS QUE AGUANTAR LAS PREGUNTITAS DE **TU TÍA DOLORES** DE POR QUÉ NO TE HAS CASADO YA, ES EL SUBCONSCIENTE."

LA TÍA DOLORES NUNCA TIENE PROBLEMAS APARA APARCAR

GÁNATE
EL
OSCAR

Gánate el Oscar

Otra manera divertida y útil de acelerar el proceso es actuar como si aquello que deseas, tener pareja, ya estuviera pasando.

Hacerlo envía una energía extra fuerte de confianza total y entrega al universo, y éste, que es muy bueno y te quiere mucho, te devolverá semejante acto de fe haciendo realidad esa vida maravillosa imaginada.

¿Cómo sería tu vida si tu chico/a ya estuviera

en ella? ¿Cómo te sentirías? Igual sonreirías más, vivirías más despreocupado pensando que por fin lo tienes todo. Sentirías como un relax mental porque ya no tendrías que estar dándole vueltas al por qué de tu soledad, a cómo salir de ella, a qué estás haciendo mal, a qué narices pasa contigo. Siente esa sensación ahora. Qué descanso, qué felicidad, ¡qué bien te va todo!

Quizás podrías hacer un poco de hueco en tu armario (para algunos sé que es misión imposible, es sólo una inocente sugerencia), porque alguna muda deja tu chico/a los días que se queda a dormir en tu casa, ¿no? (antes de iros a vivir juntos a un casoplón -puestos a pedir...-), compra otro cepillo de dientes, ten vajilla para que puedan comer dos, tira esa ropa interior viejuna, ahora tienes público.

O planifica unas vacaciones para dos.

Un amigo muy querido con el que estuve trabajando estrechamente en la consecución de su sueño amoroso, lanzó un órdago que hasta a mí me pareció *too much*. Era mayo y reservó un viaje a Mykonos para dos. Sí, sí, pagó los dos billetes de avión y reservó una habitación doble en un hotelito frente a la playa.

Tuve que quitarme el sombrero. Eso era confianza, eso era fe en el resultado. Hacerlo le hizo sentir súper bien (y a las malas se iba de viaje a las islas griegas, era un *win-win*) y su vibración positiva se elevó hasta las nubes. El 15 de julio, adivina, se subió a ese avión muy bien acompañado. Esto funciona. FUN CIO NA.

Si no te quieres gastar tanto dinero, puedes comprar una camiseta que te guste para regalársela. Créeme, se la darás muy pronto y ese momento será mitad divertido, mitad mágico. Vas a alucinar.

Paséate por la vida con una clara y serena certeza de que la llegada de tu pareja es un hecho consumado.

Cuando pides comida a domicilio, sabes que el sushi y el sashimi van a llegar, aunque el pedido no aparezca ipso facto según cuelgas el teléfono. No vuelves a llamar a otro restaurante para pedir lo mismo, ni te pones a preparar tú la cena, sencillamente te descalzas y esperas relajadamente a que suene el timbre de la puerta, con un convencimiento absoluto de que, aunque tengas que esperar unos minutos, hoy cenas japo en casa. Ese es el sentimiento al que debes aspirar. Tienes novio/a. Salte ya del maldito Tinder.

Vive, respira, anda, estornuda como si tu pareja estuviera en el cuarto de al lado. De esta manera le mandas un mensaje ultra potente al universo de que lo tienes muy claro: lo que quieres y que ya es tuyo.

"CUANDO PIDES COMIDA A DOMICILIO, SABES QUE EL **SUSHI Y EL SASHIMI** VAN A LLEGAR, AUNQUE EL PEDIDO NO APAREZCA IPSO FACTO SEGÚN CUELGAS EL TELÉFONO."

ÑAM

LA RENDICIÓN

La rendición

Relájate y déjate llevar un poquito, en eso se basa también la confianza, ¿no? Déjate asombrar por resultados que quizás no son exactamente como los habías planeado pero que igual son bastante mejores. Tal vez te has pasado medio invierno tirándole los trastos al camarero guaperas de la cafetería y resulta que el chico con barriguita que te encuentras cada dos por tres en la biblioteca es el que va a hacer que bailes de felicidad todos los días.

A veces nos emperramos en que las cosas tienen que salir a nuestra manera y, si no, que no salgan. Nos creemos muy listos y pensamos que sabemos mejor que nadie lo que nos conviene y muchas veces tenemos delante de nuestras narices una oportunidad fantástica y no la vemos porque no queremos y punto.

Suelta carrete, déjate sorprender, sé más humilde, crees que te conoces bien pero, amigo, a veces no es así y a lo mejor has estado buscando peces en la copa de los árboles.

Eres la caña, una persona lista donde las haya, lo sé, pero escucha, el universo, la naturaleza, lo que hace que toda nuestra maquinaria corporal y todo lo que vive en este planeta funcione tan increíblemente bien, son más listos que tú. Todo es más sencillo, más obvio, más evidente.

Si dejas de luchar y te dejas llevar por la corriente, los peces de este maravilloso océano de amor se te acercarán a montones, porque el agua que te rodea estará en calma, tú respirarás tranquilo y ellos ante esa paz no pueden más que acercarse intrigados y curiosos a ver quién es esa personita que desprende tanta serenidad y confianza. Y sí, uno de esos peces, es el tuyo.

Y hablando de peces y demás seres vivos, la mejor manera de convencerse de que hay que dejarse llevar por la vida, por la inteligente Ley de la Naturaleza, es precisamente pasear por ella. Una vuelta por el campo, por la orilla del mar o incluso por un parque, nos hace ver lo pequeños que somos y lo grande y sabia que es ella. Lo bien que funciona todo sin que nosotros tengamos que intervenir (de hecho funciona mucho mejor cuando no intervenimos), la maquinaria perfecta que es eso que llamamos naturaleza. Si quieres ser casi tan sabio como ella, asume tu ignorancia y déjate asesorar y llevar por ella.

Pasear por la naturaleza es muy recomendable y pasar ratos en completo silencio te puede cambiar la vida. Y no me refiero a convertirte en el mudo de los hermanos Marx, me refiero a acallar la cháchara casi constante que hay en tu mente. Detente un momento y "escucha" dentro de ti. No paras, ¿verdad? Así nos pasamos el día, las ideas van y vienen enloquecidas, hay demasiados estímulos y demasiadas cosas de las que nos tenemos que hacer cargo. Con razón llegamos agotados al final del día.

Parar y acallar tus pensamientos, aunque sea cinco minutos al día, puede cambiarlo todo. El silencio, además de relajarte, funciona como si tuvieras un *walkie talkie* en conexión directa con el universo, sin interferencias, sin cruces de línea, con cobertura al 100%. Es en ese momento cuando el universo está limándose las uñas a la espera de que pidas por esa boquita. Estás como en la ventanilla rápida del McDonald's y él es todo oídos: quiero al chico de mis sueños. Y las patatas, grandes. Aquí lo tiene, que tenga un buen día.

Reconozco que no es fácil silenciar la mente, pero intentarlo merece la pena.

Relájate, respira hondo, cierra los ojos y sencillamente escucha los ruidos lejanos de la calle o del ascensor que se para, siente el peso de tu cuerpo en el sofá, tu respiración pausada, el aire que entra y sale. Si un pensamiento viene, que vendrá, míralo con sonrisa paternalista y apártalo suavemente, sin hostilidad, sin forzar nada. Cada vez que venga uno, imagina un suave gesto de la mano como si quitaras una telaraña y vuelve así a apartarlo y a concentrarte de nuevo en tu respiración, en las sensaciones corporales que tienes en ese momento. Practica y poco a poco lo irás haciendo mejor. Empieza con cinco minutos al día y ve ampliando el tiempo a medida que vayas mejorando y disfrutando más.

Pruébalo y te engancharás.

Termino esta bola extra pidiéndote que no te comas nunca la cabeza con el cómo se va a producir la ansiada llegada del amor. Cómo va a ser posible, si apenas tengo vida social, si es tener una chica delante y ponerme a tartamudear, si ya lo he intentado todo y nada ha dado resultado... El cómo no es asunto tuyo. Tú debes concentrarte únicamente en el qué, del cómo ya se encarga el universo que, además de infalible, es más majo que las pesetas y te quiere mucho.

"TAL VEZ TE HAS PASADO MEDIO INVIERNO TIRÁNDOLE LOS TRASTOS AL CAMARERO GUAPERAS DE LA **CAFETERÍA**."

(DEJÁNDOME EL SUELDO EN CAFÉS)

AGITA LA COCTELERA

Agita la coctelera

Todos tendemos a hacer lo mismo día tras día, a la rutina: paseamos siempre por los mismos barrios, vamos a los mismos bares, a las mismas tiendas...

A la magia le gusta el juego, la sorpresa. Tiéntala haciendo las cosas aunque sea un poco diferentes. Ve al trabajo por calles distintas, haz la compra en otro sitio, vístete con algo que te apetece poner pero con lo que te sientes raro,

¡siéntete raro!, prueba otras comidas, otras bebidas, otra pasta de dientes, ve al cine a las tres de la tarde, al teatro si casi nunca vas, vete a un concierto solo, te sorprenderá la de gente que lo hace, sonríe a un extraño, habla con una desconocida, pregúntale a una anciana si ha tenido un buen día o dónde se ha comprado esa chaqueta que realmente es súper *cool*, pídele sal al vecino... Creo que ya pillas por dónde voy.

No sólo es más probable que encuentres a tu chico/a si cambias tus rutinas, es que toda tu vida se beneficiará de esas variaciones. Estará como renovada, más fresca y divertida y, recuerda, estamos aquí básicamente para pasarlo bien.

¿Y qué afición tienes que te gustaría compartir con tu pareja? ¿Leer? Ve todas las semanas a bibliotecas, librerías, nuevas o conocidas, pero ve, porque te gusta y porque quizás pasee distraída entre los estantes de la sección de poesía una persona que va a ser importante en tu vida. ¿Te gusta bailar y te encantaría que a tu chico/a también? Apúntate a clases de baile. ¿Querrías, como yo, dejar de quemar lasañas junto a tu pareja? Apúntate a clases de cocina.

No te recomiendo que te apuntes a cursos de cosas que no te interesan sólo por la posibilidad de conocer a tu futura pareja, creo que es mejor que en el camino siempre estés tú y tu personalidad por delante. Si no te gusta dibujar, no pierdas tu tiempo y tu dinero en un curso de dibujo.

Agitar la coctelera es como lo de los bombones de Forrest Gump, nunca sabes lo que te va a tocar, pero merece la pena intentarlo.

"VÍSTETE CON ALGO QUE TE APETECE PONER PERO CON LO QUE **TE SIENTES RARO,** ¡SIÉNTETE RARO!"

¿LLEVAR UN RATA MUERTA EN LA CABEZA NO SERÁ DEMASIADO?

NENA, TÚ VALES MUCHO

Nena, tú vales mucho

Un porcentaje muy alto de razones por las que tenemos que cargar solos con la bolsa de la compra es porque, en el fondo de nuestra alma, creemos que no somos merecedores de que nos quieran.

Sí, igual dices a tus amigos que tú vales mucho, que eres una gran persona, que tienes un coeficiente por encima de la media, que tu gusto para escoger camisas es excelente, pero cuando sales ahí fuera y te empiezas a relacionar con otros o si las cosas no salen como deseabas, las dudas entran en escena y frases del tipo "si es que en realidad soy un desastre", "si es que en el momento en que me conozca un poco más va a salir huyendo", "si es que casi me hace un favor saliendo conmigo, más vale que me quede con esta que me hace un poco de caso porque en realidad no merezco nada mejor"... hacen acto de presencia y lo fastidian todo.

Trabajar tu autoestima no da más que alegrías. Porque quererte a tope te vale para todo, es como un salvoconducto a una vida maravillosa.

Nene/a, tú vales mucho, no lo olvides. Vales por el simple hecho de ser un ser humano, porque todos somos valiosos y especiales, ya que somos diferentes unos de otros. No hay nadie exactamente como tú en este mundo y eso es un puntazo. Tus rarezas son las que te hacen aún más genuino, quien no tenga rarezas es que no es de este mundo; además, comerse la Nutella a cucharadas a las tres de la mañana no es una rareza, es lo que hay que hacer.

Todos tropezamos en la calle, todos tenemos miedos, dudas, inseguridades (sí, hasta Lady Gaga y Beyoncé)... ¡Y no pasa nada! Aspirar a la perfección es participar en una carrera que ya está perdida de antemano.

¡Eres genial! Eres tremendamente especial y molas muchísimo, y al que no le guste, ahí tiene la puerta. Pues claro que mereces que te quieran, lo mereces todo. Eres oro, amigo, puro oro, así que, por favor, no dejes nunca de brillar.

"SI ES QUE EN EL MOMENTO EN QUE ME CONOZCA UN POCO MÁS
VA A SALIR HUYENDO."

**DIJO QUE SE FUE
A POR TABACO**

SÉ VALIENTE

Sé valiente

Relacionado con la anterior bola extra está el miedo a mostrar lo que sentimos, a que nos digan que no, al rechazo. Cuántas veces hemos conocido a alguien que de verdad nos hace tilín pero al que no hemos tenido el valor de decirle "oye, que me gustas", por el temor a que nos diga "vaya, pues a mí tú no".

Ay, cuántas oportunidades perdidas...

Expresar lo que sientes y mostrar tu

corazoncito te convierte ipso facto en una persona 10. La gente valiente gana mil puntos de manera inmediata en el juego de la vida porque es algo que no abunda y se valora muchísimo. Piénsalo, si a ti alguien que no te gusta te dice: "me gustas", ¿pierde puntos como persona o más bien te parece genial que sea tan auténtico y tan valiente por decir lo que siente sin importarle nada más?

Los que se arriesgan tienen muchas más papeletas para ganar, como mínimo el 50%. Si no dices nada, tienes el 100% de fracaso asegurado.

Además, ten siempre en cuenta que cuando alguien te dice que no siente lo mismo que tú, no es que te esté rechazando a ti como persona. Sencillamente, tiene otras preferencias u otras necesidades. No hay que volver a casa, escudriñarse en el espejo a buscar si es que te ha salido una nueva arruga, culpable sin duda de este rechazo o hacer un escáner de tu persona buscando qué está mal. Ya te lo digo yo: nada.

De verdad, no te lo tomes como algo personal porque no lo es. Es personal pero del que te ha dicho que no que, al igual que tú, tiene sus propias preferencias. ¿Que se arrepentirá y nos reiremos en el futuro porque tú eres el no va más? Seguramente, pero a día de hoy, ¿quién quiere estar con alguien que no sabe valorar la tremenda suerte que es tener a alguien tan increíble como tú en su vida? ¡Tú no!

Lo que tenga que ser, será, y un "yo no te quiero" puede ser lo mejor que te pase en la vida, aunque ahora mismo necesites terminarte urgentemente esa tarrina de helado de chocolate.

En resumen, sé valiente, sé auténtico, di lo que piensas y sientes, te sentirás poderoso.

NO HEMOS TENIDO EL VALOR DE DECIRLE "OYE, QUE **ME GUSTAS**", POR EL TEMOR A QUE NOS DIGA "VAYA, PUES A MÍ TÚ NO".

SÉ ♥
VALIENTE II

Sé valiente II

A veces nos aterrorizamos por decir lo que sentimos y, en ocasiones, aunque cueste creerlo, nos da miedo directamente enamorarnos. Sí, ya sé que dirás que no, que estás deseándolo, que cómo te digo esto a estas alturas del libro, pero los temores se esconden en los recovecos de nuestra mente y hacen de las suyas sin que nosotros nos demos casi cuenta.

Es verdad que vivimos suspirando por tener un/a novio/a genial a nuestro lado pero quizás hay una lucecita roja que parpadea dentro de ti y que está asustada de que eso que tanto anhelas por fin se haga realidad. ¿Por qué? Pues porque cuando llevas mucho tiempo solo tienes una vida que, reconozcámoslo, es muy cómoda: tranquila, previsible, sin altibajos, independiente, con nuestro corazón a resguardo, sin que nuestra felicidad dependa de lo que sienta otra persona por nosotros, sin mosqueos porque tú no has fregado y te toca a ti, sin ataques de celos... En fin, una vida solitaria pero relajada y, sobre todo, conocida.

Y el cambio nos aterra. Lo rollazo conocido nos suena mejor que lo maravilloso por conocer y en el caso del amor no es una excepción.

Por eso es conveniente que medites un poco

sobre esto. ¿Hay aunque sea un poco de temor a que la llegada del amor te haga perder el control de tu vida ordenada y conocida? Si es así, sacúdetelo. Cuanto antes, mejor.

La entrada de un ser nuevo a tu vida es increíblemente enriquecedor, te pondrá la vida patas arriba en muchas cosas, de acuerdo, pero reconoce que tu existencia necesita darse ya la vuelta como un calcetín. Como ya he mencionado muchas veces, estamos aquí para disfrutar, sentir, experimentar, sorprendernos, jugar, reír, llorar, arriesgar... No para estar tirado en un sofá viendo la vida pasar.

Posiblemente haya cabreos, luchas por el mando de la tele, por quién pone hoy la lavadora, por llegar a acuerdos de todo tipo, miedo por querer tanto a una persona que de sólo pensar que desaparece, te entren ganas de echarte a llorar, pero todo eso es a cambio de vivir con una maravillosa sensación de plenitud,

"EN OCASIONES, AUNQUE CUESTE CREERLO,
NOS DA MIEDO
DIRECTAMENTE ENAMORARNOS."

ENAMÓRAAAAATEEEEE

de tener a un compañero de vida, sentir pasión, deseo, ilusión por compartir, por crear algo juntos. En fin, creo que no es necesario que yo te enumere las ventajas.

Sé valiente. Enamórate hasta las trancas.

LA LECCIÓN DEL CABALLO

La lección del caballo

En un rancho de Arizona, realizan una terapia con caballos que me pareció fascinante y reveladora. Los caballos nos enseñan a derribar nuestros muros invisibles que, como ya sabes, son muchos.

Uno de los ejercicios de la terapia se puede resumir en esto: les piden a los asistentes que limpien los cascos al caballo que se les ha asignado. Les dan unas instrucciones básicas y "sólo" tienen que conseguir que el caballo levante cada pata para después proceder a la limpieza del casco. Lo que ocurre a continuación es alucinante. Cada uno de nosotros vive con una variedad de personajes dentro. En mi caso, viven la Virginia sensible, la Virginia trabajadora, la Virginia insegura, la Virginia miedosa, la Virginia tenaz... En fin, muchas Virginias habitando dentro de mí y, como en un gallinero, todas intentando hacerse oír.

Los caballos tienen una sensibilidad alucinante para captar la energía del que tiene cerca, y si percibe miedo o dudas, por ejemplo, el caballo no levantará la pata ni colaborará contigo. Únicamente responderá a una intención clara (sin interferencias de los otros habitantes de tu cabeza), sólo obedecerá a tu yo auténtico. Lo que pretende ese ejercicio es que dejes atrás, al otro lado del río, a todos los personajes que habitan en ti: el miedica, el vergonzoso, el que se inquieta más por lo que puedan pensar los demás si acabas siendo el único que no puede hacer levantar una maldita pata de caballo, que de limitarse a pedir, sin más, que efectivamente la levante... Todos deben irse con viento fresco salvo tu único y auténtico Yo, que tan sólo desea una cosa: que el caballo levante su pata.

Parece fácil, pero no lo es. Hay que respirar hondo, tomar conciencia de esos personajes que no sirven para nada, dejarlos atrás y dar un paso adelante con el único que puede llevarte a donde quieres: el que tiene claridad de intención. Una vez que te dices que lo único que deseas es que el caballo levante la pata, el caballo la levantará. Así de sencillo y... de complicado.

Ya habrás adivinado que eso mismo ocurre

con todo. Tú deseas que llegue el amor a tu vida pero a la vez lanzas mensajes confusos al buffet libre de la vida: quieres que venga pero también estás muerto de miedo por si nunca viene, por si viene y sale mal, por si no eres suficientemente interesante, por si no le va a gustar la paella con guisantes cuando para ti la presencia de guisantes en la paella es algo que está fuera de discusión.... Todos esos personajes extra te separan de tu deseo, porque cada uno dice una cosa y así no hay quien se aclare. El universo tampoco.

La vida sólo va a responder cuando le hables claro desde la persona auténtica y serena que vive en el fondo de ti, y le digas: querida vida sólo quiero una cosa, que mi pareja ideal llegue ya a mi vida. Y ella, con una naturalidad y facilidad pasmosa, te dirá: "Aquí lo tienes. Hacías tanto ruido con todos los habitantes de tu mente hablando a la vez que nunca entendía

"EL CABALLO NO LEVANTARÁ LA PATA **NI COLABORARÁ** CONTIGO."

PASSSSO DE TI

lo que querías de verdad".

Cuando eres claro, tu energía es clara, tu mensaje al universo es claro y todo sucede naturalmente.

Así que despídete de tus personajes secundarios y transita por la vida sólo contigo. Verás qué fácil resulta todo. ¡Y cuánto silencio habrá en tu mente!

ENFOCA BIEN

Enfoca bien

Desde que te levantas hasta que te acuestas tu mente se fija o ignora ciertas cosas. Si estás obsesionado con algo, es probable que veas todo relacionado con esa obsesión. Es lo que le pasa a las embarazadas, que de pronto ven embarazadas por todos lados y no es que vaya a subir ese año la natalidad, es que su vida ha dado un cambio de 180 grados y todo gira alrededor de ello.

Si llevas tiempo solo y estás ya con la mosca detrás de la oreja, es probable que, sin darte cuenta, busques acontecimientos que te reafirmen en tu sensación de que en el amor todo te va fatal y, si te sientes triste, pensarás: normal, ¡estoy solo y acabado! Si te enfocas en que tienes pocas citas, te sentirás desdichado y a veces incluso desesperado; si te enfocas en que por la calle pasean miles de personas solteras e interesantes deseando conocerte, te sentirás ilusionado y con ganas de salir a comerte el mundo.

Cuando estás preocupado y obsesionado por algo, es como si te pusieras unas orejeras de burro y no vieras más allá. Alrededor tuyo hay, literalmente, un mundo lleno de oportunidades, personas, alegres coincidencias, magia... Todo eso está ya pasando a tu alrededor pero tú estás tan obcecado mirando al suelo por donde caen tus lágrimas que te estás perdiendo el fabuloso banquete que te ofrece la vida.

Por eso es tan importante cambiar de foco, buscar el amor en cada detalle y ampliarlo a tope: cada sonrisa, cada palabra amable que recibas, aprécialas como el tesoro que son y sube el volumen para que el amor lo llene todo y te salga plastilina rosa por las orejas.

Por otro lado, ¿qué es lo que le estás pidiendo a la vida? Amor, ¿no? Algo que ya has tenido, bien porque en algún momento de tu vida ya tuviste pareja, aunque te durara 20 días, o porque has recibido amor de alguna otra manera. Lo que pides sabes que es algo posible, que obviamente existe, no estás pidiendo que vuelen cerdos violeta, o como uno que yo me sé, que llueva café. Lo que deseas es algo claramente factible, mucha gente lo tiene y, obviamente, de aquí a 30 días, tú también lo vas a tener.

"LO QUE PIDES SABES QUE ES ALGO POSIBLE, QUE OBVIAMENTE EXISTE, NO ESTÁS PIDIENDO QUE VUELEN **CERDOS** VIOLETA,"

A MÍ QUE ME DEJEN EN PAZ

QUIEN
LA
SIGUE ➡
LA
CONSIGUE

Quien la sigue, la consigue

Desafortunadamente, muchos empezamos los nuevos propósitos con ilusión y empuje, convencidos de que esta vez sí que sí, que vamos a ir al gimnasio todas las semanas, que vamos a seguir esa dieta baja en azúcar, que vamos a ahorrar... Pero luego, pocos son los elegidos que se quedan hasta el final y plantan la bandera. Por eso, el pastel parece que se lo quedan unos pocos, y no es porque no haya pastel para todos, ¡es que algunos somos un poco dejados!

Vivimos en una sociedad que fomenta lo rápido y fácil, el esfuerzo no está de moda. Nos encanta ver cómo sudan la camiseta los ciclistas en la tele mientras nos echamos una siesta, pero ¿movernos nosotros?, ¿luchar por nuestros sueños? Uf, qué pereza. Nos lo dan casi todo hecho y tenemos muy poca capacidad de sacrificio.

Lo curioso es que muchas veces, como en este caso, lo que hay que hacer es facilísimo y súper agradable pero de nuevo son demasiados los que se quedan en el camino. Al sexto día, uy, no encuentro el momento para la ensoñación amorosa; al séptimo, ya para qué, si ayer no lo hice y, de pronto y sin darte cuenta, el coche se ha vuelto al punto de partida.

No pasa nada. Si empiezas y luego te paras, ¡no pasa nada! Vuelves a empezar. Esto hay que disfrutarlo, no es para sufrir ni fustigarse.

Si comienzas el método contento pero un día te levantas de muy mala leche o llegas a casa tan cansado que cierras el chiringuito a las ocho, no pasa nada, mañana lo retomas.

Vivimos en una sociedad que no fomenta el esfuerzo pero a la que le encanta que nos sintamos mal y con remordimientos. Y de eso nada. Insisto, esto es divertido, debe ser divertido. Es un juego con el universo, un disfrute, tanto el camino como, por supuesto, el premio.

Este método, además, está precisamente pensado para apartar todas las perezas posibles, ir al grano y ver resultados en poquísimo tiempo.

Todos podemos comprometernos 30 minutos al día durante 30 días.

Así que si estás decidido, ¡hazlo! Empieza ya, pon un corazón bien gordo en el calendario, cuenta 30 días y sonríe porque, *aunque ahora te parezca increíble*, en esa fecha vas a estar reservando mesa para dos en tu restaurante favorito. ¡Ou, yeah!

¡Vamos! Vas a ser el Nadal del amor, el samurái de la constancia, el maestro del deseo y la alegría. Tic, tac, el reloj se pone en marcha, la cuenta atrás comienza, es apasionante, es ilusionante y ¡es casi magia!

Una vez tengas a tu pareja a tu lado y veas lo sencillo que ha sido, tendrás alas para conseguir cualquier otra cosa que desees en tu vida, pues verás que el método funciona igual de bien para todo.

Tus amigos y familiares te notarán distinto, no sólo bien acompañado, te sentirán feliz, lleno de energía, de optimismo, de luz.

¡A por ello!

"CONVENCIDOS DE QUE ESTA VEZ SÍ QUE SÍ, QUE VAMOS A IR AL GIMNASIO TODAS LAS SEMANAS, QUE VAMOS A SEGUIR ESA **DIETA BAJA EN AZÚCAR,** QUE VAMOS A AHORRAR..."

MAÑANA EMPIEZO

RECURSOS

Recursos

Aunque sería conveniente que tú mismo te crearas el listado de frases para meterte en la mollera, ya que te conoces mejor que nadie y sabes de qué pie cojeas, te voy a facilitar un poco el camino y apuntarte las que más frecuentemente me he encontrado en mi camino ayudando a la gente a encontrar el amor. En el fondo, todos tropezamos casi siempre con las mismas piedras.

Repítete esto machaconamente (y si te lo grabas en tu móvil y lo escuchas de tu propia voz, mejor que mejor):

- Merezco y soy digno de dar y recibir amor.

- Merezco vivir el amor de pareja.

- Estoy abierto a recibir en mi vida un amor pleno y alegre.

- Me siento seguro expresando mis sentimientos.

- Todo lo que necesito viene a mí en el momento preciso.

- Estoy predispuesto a conocer gente sin prejuzgar.

- Creo que la pareja perfecta para mí existe.

- Estoy dispuesto a dar y recibir amor.

- Tengo la firme determinación de vivir una relación de pareja ideal.

- Atraigo el amor constantemente.

- Me abro y me doy la oportunidad de conocer gente nueva.

- Hay millones de personas que encajan con mi perfil ideal.

- Estoy preparado para amar.

- Me es fácil amar.

- Merezco compartir mi vida con la persona

ideal para mí.

- Me resulta muy fácil entablar una relación amorosa.

Palabras finales

Querido amigo, hemos llegado al final de nuestro paseo juntos. Lo hemos pasado bien, ¿no? De eso se trata, de pasarlo bien y de ir construyendo fácilmente nuestra vida soñada.

Ahora ya sabes cómo atraer el amor a tu vida. Durante este trayecto vas a conocerte y quererte más, vas a recordar que es bueno detenerse a oler las flores y apreciar lo fascinante que es sencillamente estar vivo. Vas a encontrar pareja, pero de regalo vas a encontrar muchas cosas más, tesoros que tienes dentro, tus pequeños diamantes, tu maravilloso ser, único y especial.

Lee este libro una y otra vez hasta que su mensaje te llegue bien. Deja que sea tu ilusión y no tu miedo lo que te guíe por este fascinante camino que estás a punto de iniciar y todo saldrá bien.

Despierta, abre las puertas, deja que el amor entre, date permiso para enamorarte, para perder un poco el control y, sobre todo, para ser feliz, que te lo mereces.

Compra sábanas nuevas y mete una botella de champán en la nevera porque tu chico/a ya está aquí y llega para quedarse.

Pero por favor, nunca, nunca olvides que la compañía más maravillosa e importante de tu

vida, siempre serás tú :)

¡Qué empiece la fiesta!

"¡QUÉ EMPIECE LA FIESTA!"

www.ingramcontent.com/pod-product-compliance
Lightning Source LLC
LaVergne TN
LVHW041605070526
838199LV00052B/2999